湖北省博物館
HUBEI PROVINCIAL MUSEUM

湖北省博物馆少儿绘本丛书

博物馆里的节日

公历节日

主编 钱 红

WUHAN UNIVERSITY PRESS
武汉大学出版社

前　言

越来越多的小朋友走进博物馆，爱上博物馆，爱上博物馆里的文物故事。为此，我们精心打造了《博物馆里的节日》，将14个传统节日、7个公历节日，分别与湖北省博物馆里的21件文物瑰宝链接起来。我们精心设计了湖北省博物馆的文物守护精灵“北北”，还有她的好朋友“湖湖”，让他们带着大家一起穿越时光，了解每个节日的由来；体验每个传统节日的习俗，这些习俗都是中华民族在漫长的历史长河中不断凝聚的宝贵财富，值得我们传承；配上了与文物相关的成语故事、神话故事或历史故事；设置了有趣的“互动问答”，让小朋友在轻松愉快的氛围中学习科普知识。小朋友还可以邀请家长扫描书中的二维码，拓展更广阔的“悦读”空间，了解更多的传统文化，让先民留给我们的精神财富得以传承和弘扬。

钱红

2022年11月

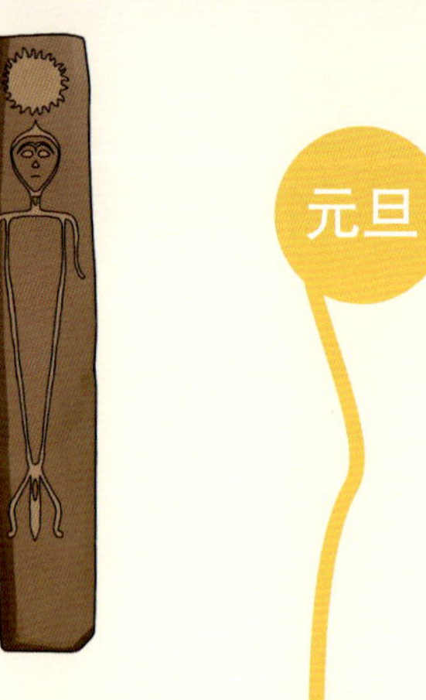

元旦

国庆节

教师节

建军节

劳动节
儿童节
建党节

你好！我叫北北，是湖北省博物馆的文物守护精灵。我可以穿梭时光，带你体验不一样的博物馆节日氛围。旁边是我的好朋友——湖湖。
我们都喜欢湖北省博物馆里的文物，也喜欢听文物背后的故事！这些故事和我们公历节日也有关哦！

元旦

节日由来

“元”是开始的意思，“旦”本意指旭日东升。元旦是公历新一年的第一天。公历传入中国后，我国将公历的 1 月 1 日称为“元旦”。

元
旦
又是新的一年。

文物链接

太阳人石刻

太阳人石刻，距今约 7000 年，刻有目前我国发现最早的太阳崇拜图像。石刻上有一名成年男子，双手持球状石器，腰部两侧分别刻有星辰的图案，头上的立柱顶着一个比头还大的葵花造型的太阳，仿佛在歌颂太阳造福万众子民。

成语故事
夸父逐日：夸父拼命追赶太阳，最后饥渴而死。临死前，夸父扔掉手杖，手杖变成了一片郁郁葱葱的桃林，这片桃林所结的鲜桃为以后追求光明的人解渴。比喻人决心大。

互动问答

1. 元旦是指（ ）。

A. 太阳　B. 新年的第一个月　C. 新年的第一天

2.（ ）传入我国，将公历 1 月 1 日正式定为“元旦”。

A. 公历　B. 西方神话　C. 夸父逐日

3. 太阳人石刻距今 7000 年，说明那时有（ ）。

A. 元旦　B. 太阳崇拜　C. 新年

答案

国际劳动节

节日由来

劳动最光荣

5月1日是“国际劳动节”，又称“五一国际劳动节”，起源于美国芝加哥的工人大罢工。中国人民庆祝劳动节的活动可追溯至1918年。这一年，一些知识分子在上海、苏州、杭州、汉口等地向群众散发介绍“五一”的传单。

文物链接

“郧县人”头骨化石

劳动创造了人。制造工具是人类不同于动物本能活动的根本标志。

1989 年、1990 年和 2022 年，考古学家在湖北郧县先后发现了三具头骨化石，都保存了完整的脑颅和基本完整的面颅。“郧县直立人”，简称“郧县人”，属于直立人阶段，距今大致100万年的历史。在“郧县人”遗址发现了旧石器时代的石制品，主要是砍砸器，含少量特殊石器（如薄刃斧等）和刮削器。“郧县人”对人类进化研究具有重要价值。

女娲真是神通广大!

成语故事
抟土造人：抟，把东西揉弄成球形。古代神话提到盘古开辟天地，女娲仿照自己的形象用泥土抟土造人，创造并构建了人类社会。告诉我们做事讲究方法，坚持就是胜利。

互动问答

1. 从科学的角度来看，（ ）创造了人类。

A. 上帝　　B. 女娲　　C. 劳动

2. 湖北“郧县人”距今（ ）万年。

A. 400　　B. 100　　C. 70

3. 郧县人属于人类演变的哪个阶段（ ）？

A. 南方古猿　　B. 能人　　C. 直立人

4. 郧县人使用的石制工具属于（ ）？

A. 打制石器　　B. 磨制石器

答案

国际儿童节

节日由来

6月1日是“六一国际儿童节”。

儿童是国家的未来，是民族的希望，让儿童健康快乐成长，是世界各国努力的目标。

我们要尽情玩耍！

文物链接

鹿角立鹤

1978年出土于湖北随州。它有着圆弧形的鹿角，修长的鹤颈，微微上翘的翅膀，细而长的双腿，昂首伫立在方形的底座上。不仅体态优美，还披着华丽精致的“外衣”，头部、颈部及鹿角上都装饰着错金花纹，背脊、翅膀、尾下部镶嵌着绿松石。

成语故事

呦呦鹿鸣：呦呦指鹿鸣声。3000多年前古人就在《诗经》中唱道："呦呦鹿鸣，食野之苹。我有嘉宾，鼓瑟吹笙。"表达了主人迎接贵宾时愉悦的心情。

互动问答

1. 小朋友们最期盼的国际儿童节是（　）。

A. 6 月 1 日　　B. 7 月 1 日　　C. 8 月 1 日

2. 湖北省博物馆里收藏了很多让人印象深刻的“动物”，器型庞大、造型特别的（　），由两种吉祥动物组成。

A. 青瓷虎子　　B. 鸳鸯形盒　　C. 鹿角立鹤

3. 小朋友们说一说，湖北省博物馆里动物造型的文物，你最喜欢什么？

答案

建党节

节日由来

7月1日是中国共产党建党纪念日。1921年7月23日，中国共产党第一次全国代表大会在上海举行，最后一天的会议转移到浙江嘉兴南湖的一艘游船上召开，宣告中国共产党成立。抗日战争期间，由于缺乏档案材料，难以查证党的一大召开的准确日期，因此把7月1日作为党的成立纪念日。

节日由来知识拓展

文物链接

枪榴弹

枪榴弹的设计者是兵工英雄吴运铎，他在抗日战争极其艰难的情况下，发明了这种在当时极为先进的杀伤武器。吴运铎一生舍身忘死地开展武器弹药研究试制，经历 3 次重伤和 20 余次手术，全身伤口数百处，体内残留着几十块弹片无法取出，为我国的兵工事业，贡献了自己的全部力量。

吴运铎用自己的一生践行了共产党人忠于党、忠于国家、忠于人民的优秀品质。

成语故事

坚如磐石： 磐石指大石头。坚如磐石的意思是像大石头一样坚固，用于信念和理想等，正如吴运铎把一切献给党的精神一样不能动摇。

为人民服务

互动问答

1. 中国共产党建党纪念日是哪一天？（ ）

A.1921 年 7 月 1 日　B.1921 年 7 月 23 日　C.1921 年 7 月 30 日

2. 湖北省博物馆收藏了共产党员吴运铎的什么物品？（ ）

A. 钢笔　B. 学习笔记本　C. 枪榴弹

3. 我们一起动手，制作一份红色礼物献给中国共产党吧。

答案

建军节

节日由来

8 月 1 日是中国人民解放军建军纪念日，俗称“八一”建军节。1927 年 8 月 1 日，周恩来、贺龙、叶挺、朱德、刘伯承等率领中国共产党所掌握和影响的军队两万多人，在江西南昌举行武装起义。1933 年 7 月 11 日，中华苏维埃共和国临时中央政府根据中央革命军事委员会的建议，决定将 8 月 1 日作为中国工农红军（中国人民解放军的前身）纪念日。

文物链接

越王勾践剑

越王勾践剑，1965 年出土于湖北省江陵县，剑身满饰黑色菱形几何暗纹，剑格上镶嵌琉璃和绿松石。剑身有铭文“越王鸠浅自作用剑”，证明这是著名的越王勾践的宝剑。该剑铸造技术精湛，代表了早期中国冷兵器的最高水准。

成语故事

卧薪尝胆：春秋时期，吴越两国战争不断。公元前 496 年，吴王夫差为报父仇率精兵攻打越国，大获全胜，越王勾践沦为阶下囚。为了复国大计，勾践忍辱负重为吴王夫差劈柴喂马，历经三年之辱，最终返回越国。他励志图强，夜里睡在柴堆上，意志消沉时，就尝一尝苦胆来提醒自己不能懈怠。经过十年的艰苦奋斗，越国由弱转强，最终勾践率军灭掉吴国，成就霸业。形容人刻苦自励，发奋图强。

互动问答

1. 中国公历八月一日是什么节日？（ ）

A. 建党节　　B. 建军节　　C. 国庆节

2. 南昌起义发生于（　）年。

A.1949　　B.1927　　C.1919

3. 越王勾践剑在哪里出土？（ ）

A. 湖北武汉　　B. 浙江杭州　　C. 湖北江陵

4. 讲讲卧薪尝胆的故事，说说它给你的启示。

答案

教师节

节日由来

尊师重教是中华民族的优良传统。1985 年，第六届全国人大常委会第九次会议通过了国务院关于设立教师节的议案，决定将每年的 9 月 10 日定为教师节，旨在肯定教师为教育事业所做的贡献。

5 翠鸟

子 红
毛 鲜艳 头 橄榄、翠绿 头巾
上↓下 背 浅绿 外衣
腹 赤褐 衬衫

睛 透亮灵活
嘴 又尖又长

文物链接

郭店《老子》简

老师“传道受业解惑”，指引方向。说到传道，不得不提我国先秦时期伟大的思想家、道家学派创始人老子。老子学问渊博而且善于思考，著有《道德经》一书，充满了大智慧。

1993 年，在湖北郭店发现的一批楚简，被誉为“改写中国思想史的典籍”，内容包含儒家和道家学派的著作。其中还发现了抄写于战国中期的《老子》，这是目前所见年代最早的《道德经》版本，很可能是楚国贵族的传习读本。

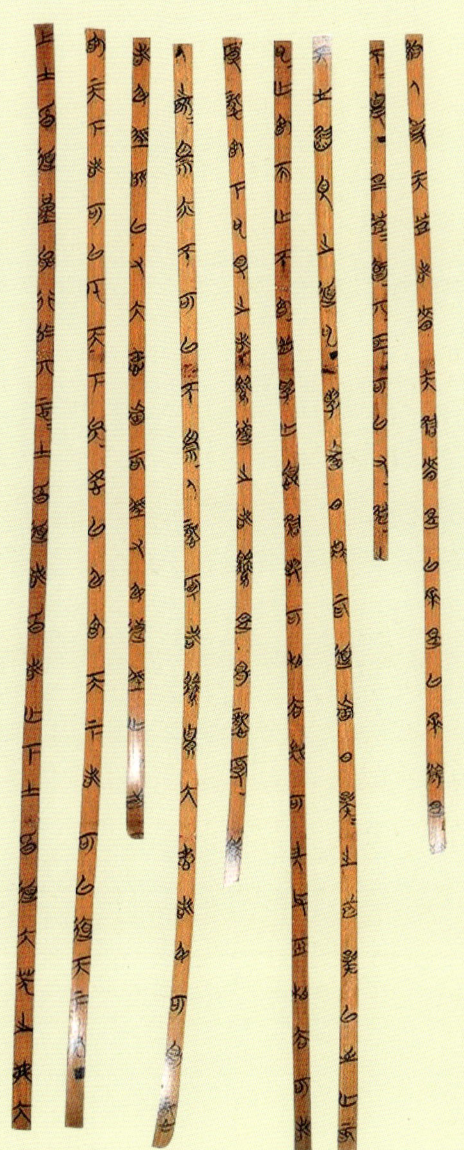

文物知识拓展

孔子问礼：孔子是春秋时期鲁国人，是中国著名的思想家、教育家、政治家及儒家学说的创始人。孔子曾多次拜访老子并向他请教学问。孔子问礼比喻有学问的人很谦虚。

互动问答

1. 中国的教师节是每年的几月几日？（ ）

A.10 月 1 日　　B. 9 月 10 日　　C. 6 月 1 日

2.1993 年发现的（ ），被誉为“改写中国思想史的典籍”。

A. 望山楚简　　B. 葛陵楚简　　C. 郭店楚简

3. 以下哪部著作为我国先秦时代伟大的思想家、道家学派创始人老子所作？（ ）

A.《老子》　　B.《论语》　　C.《尚书》

答案

国庆节

节日由来

公历 10 月 1 日是中国的国庆节。每年的这一天，举国欢庆，共同为中华人民共和国庆生。

文物链接

九鼎八簋

1978 年出土于湖北随州，是 2400 余年前曾侯乙的器物，代表着王权和地位。

成语故事

一言九鼎： 相传大禹在建立夏朝以后，用九州供奉的铜铸成九鼎，代表着国家。一言九鼎的意思是一句话抵得上九鼎重。形容说话分量很重，作用很大。

言必信，行必果。

互动问答

1. 中国的国庆节是每年的（ ）。

A. 1 月 1 日　　B. 10 月 1 日　　C. 8 月 1 日

2. 中国古代仪式中有一些用于祭祀和宴饮的器物被赋予特殊的意义，成为礼制的体现，这类器物叫作（ ）。

A. 礼器　　B. 乐器　　C. 石器

3. 曾侯乙生活在什么时代（ ）。

A. 公元前 5 世纪　　B. 公元前 2 世纪　　C. 公元 5 世纪

4. 请说出几个有关于“鼎”的成语。

答案

图书在版编目(CIP)数据

博物馆里的节日.公历节日/钱红主编.—武汉:武汉大学出版社,2023.5
湖北省博物馆少儿绘本丛书
ISBN 978-7-307-23746-9

Ⅰ.博… Ⅱ.钱… Ⅲ.节日—风俗习惯—中国—少儿读物 Ⅳ.K892.1-49

中国国家版本馆 CIP 数据核字(2023)第 078618 号

责任编辑:李 玚　　责任校对:李孟潇　　装帧设计:何家辉 邓国诚

出版发行:**武汉大学出版社** (430072 武昌 珞珈山)
(电子邮箱:whu_publish@163.com)
印刷:武汉市金港彩印有限公司
开本:880×1230 1/16 印张:25 字数:157 千字
版次:2023 年 5 月第 1 版 2023 年 5 月第 1 次印刷
ISBN 978-7-307-23746-9 定价:298.00 元(全 15 册)